LETTRES

DE

QUELQUES BÉNÉDICTINS

DE LA

FIN DU XVIIIᵉ SIÈCLE

Collection de M. le Chanoine Porée

Extrait de la *Revue Bénédictine*, 1902

BRUGES

DESCLÉE, DE BROUWER ET Cⁱᵉ

1902

LETTRES

DE QUELQUES BÉNÉDICTINS

DE LA FIN DU XVIIIme SIÈCLE

LETTRES

DE

QUELQUES BÉNÉDICTINS

DE LA

FIN DU XVIIIᵉ SIÈCLE

Collection de M. le Chanoine PORÉE

Extrait de la *Revue Bénédictine*, 1902

BRUGES

DESCLÉE, DE BROUWER ET Cⁱᵉ

1902

LETTRES DE QUELQUES BÉNÉDICTINS

DE LA FIN DU XVIII⁰ SIÈCLE.

Collection de M. le chanoine Porée.

DOM Charles-Antoine Blanchard, né à Réthel le 20 février 1737, avait fait profession à Jumièges le 18 octobre 1757. Il fit ses débuts dans l'enseignement en 1764 et fut successivement régent d'humanités à Beaumont-en-Auge, à Tiron, à Fécamp, à Ivry, puis au Bec, où il était encore en 1791.

Son correspondant, et sans doute son ancien élève, Charles-Gaspard de Toustain-Richebourg, capitaine des Carabiniers, commissaire des États de Bretagne, était né à Pithiviers, d'une famille normande, le 7 juillet 1746. Il mourut au mois de septembre 1836, à Saint-Martin du Manoir (Seine-Inférieure). Toustain-Richebourg a composé un grand nombre d'écrits politiques, généalogiques, historiques et religieux, anonymes pour la plupart.

I

Monsieur et tendre ami,

Je vous aurais écrit plutôt, mais en partant de Rouën, vers la mi-septembre, je fus prié de déjeuner chez un ami où il se trouva un officier du régiment de Navarre qui m'assura que le régiment des Carabiniers venoit d'avoir son obédience pour Mets en Lorraine. Je fus étonné que vous ne m'eussiez pas fait part de votre changement; je me mis en route pour Tyron; à mon arrivée on me rendit une lettre que vous m'aviez écrite de Saumur, en datte du 25 Aoust. J'attendis que par une 2ᵈᵉ lettre vous me fissiez part du lieu de votre résidence; cette 2ᵈᵉ est venue dattée de Ploermel et du 24 octobre, sans que vous me parliez d'aucun billet de remuage. Quoiqu'il en soit, je vous réponds aujourd'hui et j'adresse ma lettre au lieu d'où vous m'écrivez. Je réponds d'abord à votre première.

Je ne vous parlerai point des voyages que j'ai faits cette vacance; ils ont été courts; j'avois cependant promis à bien des personnes d'aller les voir;

mais j'ai profité un peu du privilège du pays où j'ai été élevé : j'ai manqué de parole. Pourquoi ? Je n'en sçais rien, j'ai perdu cœur en chemin, et j'ai abrégé ma route le plus que j'ai pu. J'ai été à Bonneval, à Chartres, à Dreux, à Evreux, à Rouën, d'où je suis revenu par Evreux, Conches, Verneuil, La Ferté-Vidame et autres villages à Tyron.

Le P. Directeur de céans m'a si bien engagé à lui aider dans la conduite de son collège que j'ai remercié nos Pères des Blancs-Manteaux qui m'avoient proposé de l'occupation. A vous dire vrai, je ne me suis pas cru les reins assés forts pour poursuivre un ouvrage sur la vérification des dates, et il y a peut-être bien de l'amour propre dans ma modestie. Je suis donc aujourd'hui régent de 4ᵉ comme auparavant, et de plus, préfet, ayant sous ma juridiction près de 90 pensionnaires. Jugez maintenant s'il me reste assés de temps pour cultiver les Muses.

J'aurois bien désiré lire votre ouvrage ; je ne doute pas que même en rêvant vous ne rêviez avec esprit ; mais je ne sais pas comment vous pourriez me le faire passer, à moins que ce ne soit de Saumur par le messager du Mans pour Nogent-le-Rotrou, petite ville à 3 lieues de Tyron où notre commissionnaire va 3 fois la semaine. S'il se vendoit à Caën, indiquez-moi le libraire et je le ferai prendre par notre poissonnier qui y va toutes les semaines. Quoique mon jugement ne soit pas d'un grand poids, j'aurois du moins la satisfaction de le porter, et mon ami reconnoîtroit ma candeur, et cette candeur ne lui feroit pas de peine. Quant à mon Anacréon, je crois ne vous avoir pas laissé ignorer qu'il est l'ouvrage de deux de mes écoliers dans lesquels j'avois reconnu du goût pour la poésie. Les odes que j'ai traduites sont celles qui étoient un peu trop libres pour être livrées au génie d'une jeunesse déjà assés sémillante. J'ai dédié ce petit ouvrage à un maître sous lequel j'avais étudié le grec pendant un an (¹), langue que des occupations trop grandes m'ont forcé de négliger depuis. Pour vous donner une idée de ce travail, je vais vous copier l'Épître dédicatoire.

....

Vous me permettrez de vous envoyer deux odes d'Anacréon traduites par un de mes écoliers.

....

En voici une autre que vous eussiez pu, à juste titre, adresser à votre chère moitié il y a 3 mois (²).

....

Dans quelques mois je vous ferai copier mon Anacréon, et peut-être quelque heureux hazard me procurera l'occasion de vous le faire passer ; dès lors il sera *vôtre*, au moins pour en faire des papillotes.

Dans votre parodie du morceau de Castor et Pollux, j'aime mieux ce vers :

---

1. Le P. Mercier
2. On a cru inutile de reproduire ces pièces latines.

Jouets des noirs soucis n'ont plus de jours sereins.

Cet hémistiche est plus expressif.

Dans ce vers : *Non, tu ne donnes point la pure jouissance*, il me semble qu'il faudroit un régime à jouissance ; vous voyez que dans la pièce *tout* en est un. Comme s'il y avoit : *Et d'aucun bien en toi l'on n'a la jouissance*. Au reste, cher ami, vous ferez tel usage que vous voudrez de ma manière de voir les choses ; peut-être me trompai-je ?

Vous ne m'avez point mandé dans quel journal ou dans quel ouvrage on vous a si mal habillé ; observez qu'il ne faut pas que la mauvaise humeur d'autrui nous décourage.

Votre cher père vous a donné sa bénédiction ; c'en seroit bien assez si cette bénédiction étoit aussi efficace que celle de Jacob. Je désire qu'elle le devienne ; elle ne pourroit être mieux placée.

Monsieur de Chantereyne ([1]) vient de m'écrire ; il me demande comme de coutume des Mémoires sur Cherbourg que je n'ai ni le tems de compiler ni les moyens ; il me parle de baillis, sénéchaux, etc., que je ne connois point ; il me prie de lui procurer Jean de Marmoutiers que je n'ai pas ; il m'annonce la réception de l'abbé Dicquemare, du Havre ([2]), homme sçavant, dit-il, et dont la Société est très contente.

A Dieu, cher et aimable ami. Présentez mon respect à Mme de Toustain, et me croyez pour la vie

Tout à vous

F. C. A. BLANCHARD,

M. B.

A Tyron, par Nogent-le-Rotrou, le 21 novembre 1772.

A M. Toustain de Richebourg, capitaine des Carabiniers, en son château de la Grée Calac, par et près Ploermel, en Bretagne.

II

(Octobre 1776.)

Monsieur et cher ami,

C'est ma faute sans doute si vous ne m'avez donné aucune nouvelle depuis près de cinq mois, parce que dans ma dernière, si je m'en souviens bien, je vous avois mandé de ne pas m'écrire que vous n'eussiez reçu une seconde lettre de ma part, et je ne vous l'adresse qu'aujourd'hui. Ainsi, ce n'est pas à vous à excuser votre silence, mais à moi d'excuser le mien. Vous sçaurez donc que j'ai quitté Fécamp le 10 de juin pour me rendre à Yvri où je suis chargé d'apprendre le rudiment à tous les marmots

---

1. Gilles-Pierre Avoine de Chantereyne, né à Cherbourg en 1728, mort en 1789, a laissé une *Histoire manuscrite de Cherbourg* ; son fils Victor, né en 1762, a composé une *Histoire des Baillis du Cotentin* également demeurée manuscrite.

2. L'abbé Dicquemare, savant hydrographe et naturaliste, né au Havre le 7 mars 1733, mort le 29 mars 1789.

qui se présentent, ou pour parler un peu plus honorablement, d'y ériger un collège. Je me suis rendu à cette destination le 10 juillet, et j'ai ouvert ma classe le 12. J'ai déjà 20 écoliers de 18ᵉ et de 6ᵉ qui me donnent assés de mal. Comme on ne m'avoit donné cette place que sous condition que je ne m'en dégoûterois pas, et que je doutois de l'événement, je n'ai rien voulu vous donner d'incertain. D'ailleurs, j'ai été si occupé, qu'il s'est trouvé peu de tems de reste pour mes amis. Cette place ne flattoit pas trop mon amour-propre, mais je n'ai considéré que le bien public que j'opère certai- nement, puisque je donne l'instruction aux enfants des environs qui sous ce point de vue n'auroient pas même pensé à apprendre à lire. Je fais ce métier absolument gratuitement, comme il convient à des Bénédictins. Nous aurions pu ouvrir un pensionnat, si Mr notre abbé avait voulu faire quelque arrangement pour son abbatiale avec nous ; mais depuis que le Roi a ajouté 80,000 livres de revenu par l'archevêché d'Arles aux 15,000 que notre abbaye lui donne, il est devenu intéressé on ne peut plus. Ceux qui ne sont pas du lieu viennent se mettre en pension dans le bourg. Si le nombre s'accroît, mes supérieurs qui m'ont témoigné la plus grande sensibilité à cause du service que je rends, m'ont promis de l'aide. Yvri est un bourg sur les frontières de Normandie (¹), où nous avons une ab- baye fondée par un échanson du duc Guillaume (²). Lorsque le roi Louis XV ordonna de mettre dix religieux dans les petites maisons, celle-ci qui n'en avoit jamais eu tant, et qui n'avoit pas le moyen de les nourrir, se trouva supprimée, et son bien fut réuni à St-Taurin d'Evreux. Dès que nos Pères l'eurent évacuée, les habitants sentirent que nous étions de quelque utilité, et crurent que notre absence laissoit un vide dans l'endroit. Ils en- voyèrent députés sur députés à nos Chapitres et à nos Diètes ; enfin, ayant obtenu le consentement de nos supérieurs, ils adressèrent différentes requêtes au roi et ont enfin obtenu l'an passé notre retour. Le grand motif qu'ils faisoient valoir étoit l'instruction que leurs enfants recevoient ; cette instruction ne consistoit cependant de tems immémorial qu'à apprendre à lire, et nous, à notre arrivée nous avons promis d'apprendre le latin, ce qui procure une très grande ressource au pays. Parlons maintenant du local. Yvri est dans une vallée assez large, à une lieue d'Anet, château bâti sous Henri II pour Diane de Poitiers, et qui appartient aujourd'hui au duc de Penthièvre qui s'y plaît beaucoup. Vous ne sçauriez croire tout le bien que fait ce Prince dans le pays. Il a témoigné le plus vif intérêt à voir réparer notre maison que nous avons presque relevée à neuf à notre arrivée. Il vint l'an passé voir notre prieur et tous nos bâtimens. Il nous engagea beaucoup à instruire la jeunesse du pays. Il est encore venu à Anet, il y a quinze jours ; notre prieur a été le saluer. Sa première interrogation a été

---

1. Aujourd'hui Ivry-la-Bataille, en souvenir de la bataille que remporta Henri IV dans les environs ; canton de Saint-André (Eure).

2. Roger d'Ivry, échanson ou *boutillier* de Guillaume le Conquérant, fonda en 1071 l'abbaye d'Ivry.

de sçavoir comment faisoient nos élèves. Aussi n'ai-je laissé passer aucune occasion d'exprimer nos sentiments à ce bon Prince, comme vous en jugerez par les deux pièces que je vous envoye, et desquelles vous me direz ce que vous pensez.

I Compliment fait par les écoliers d'Yvri dans le 1er exercice classique fait le 19 septembre 1776.

> Sous vos favorables auspices
> Nous préludons, Messieurs, à d'utiles labeurs ;
> Et c'est à vous, comme à nos bienfaiteurs,
> Que nous en offrons les prémices.

(Suivent sept strophes à la louange du duc de Penthièvre et des habitants d'Ivry.)

La pièce suivante a été présentée à Son Altesse Mgr Louis-Jean-Marie, duc de Penthièvre, Grand Amiral de France, dimanche dernier (20 octobre) veille de son départ d'Anet. (Suivent douze strophes qu'il est inutile de reproduire ici.)

Son Altesse a beaucoup accueilli cette pièce qu'elle a daigné lire à son souper : elle m'a fait remercier et promettre sa protection. Mais vous, cher ami, qu'en pensez-vous? La complaisance du Prince a pu dicter ses paroles. Quoi qu'il en soit, j'en serai plus hardi à lui en présenter une autre au mois de décembre qu'il doit revenir.

Puisque je suis en train de vous faire part de mes productions, je vous envoye quelques réflexions que j'ai couchées à Fécamp sur le papier, quelques jours avant mon départ, sur un ouvrage qu'on me prêta et qui me parut attaquer directement la religion.

Il s'agit de l'ouvrage de l'abbé Raynal : *Histoire philosophique des établissements et du commerce des Européens dans les Deux-Indes.* Nous ne donnons pas ces réflexions à cause de leur prolixité. La dernière page de la lettre manque.

Le chapitre extraordinaire réuni par ordre du roi, à Saint-Denis, le 9 septembre 1783, avait aggravé la scission existant déjà au sein de la Congrégation de Saint-Maur. Un arrêt du Conseil d'État du 8 janvier 1785 mit le comble au désarroi, en ordonnant à tous les religieux de la Congrégation de reconnaître comme légitimes « les supérieurs majeurs et locaux, visiteurs, et autres officiers nommés par le chapitre de Saint-Denys », et de leur rendre obéissance sous les peines portées par les constitutions autorisées par lettres-patentes du 21 juillet 1769. Nous trouvons dans les lettres suivantes l'écho des rumeurs qui troublaient la plupart des communautés,

I

Monsieur,

Comme le soit disant Visiteur annonce qu'il va débuter par notre maison pour y ouvrir sa visite au commencement du Carême prochain, nous vous prions instamment de vouloir bien nous dire ce que nous devons faire et à son arrivée et pendant l'acte de sa visite. De plus, comme il est a présumer que les prieurs intrus ne vont pas tarder à faire lire en chapitre les nouveaux règlements que le nouveau régime a fait imprimer, qu'avons-nous encore à observer ? Enfin, quelle conduite devons-nous tenir lorsqu'on assemblera notre communauté pour quelqu'affaire que ce soit ?

D. DE LA PERCHE.

Abbaye de Préaux au Pont-Audemer. Normandie.

II

A Conches, 8 mai 1785.

Monsieur,

Jusqu'à l'époque de la protestation cy jointe, je n'avois pas éprouvé de ces traitements cruels et humilians qui sont devenus si communs depuis l'assemblée de 1783. J'avois pris une ferme résolution de gémir en silence des abus que je voyois, comme de ceux dont j'entendois parler. J'ai vu de cette manière l'officier faire, en acte de visite, les fonctions de sénieur de la communauté, quoique nous fussions trois éligibles dans la maison, et les choses rester dans cet état jusqu'au mois de janvier dernier. Ce fut vers le neuf que M. le Prieur proposa de faire l'élection d'un sénieur. Je crus ne devoir pas m'opposer à cette élection, attendu que l'office du sénieur est de veiller principalement sur l'administration temporelle et de faire des représentations sur les abus qui sont à sa connaissance. Le sort tomba sur moi, malheureusement. Peu de jours après mon élection, je me transportai chez le R. P. Prieur que je ne croyois pas atteint de la contagion qui infecte les intrus presque généralement : il parut me recevoir avec bonté ; je lui fis une observation avec confiance et de la meilleure foi du monde. Il y avait de quoi l'affecter s'il étoit susceptible de l'être, et lui faire embrasser les moyens de remédier au mal dont je me plaignois ; mais je n'ai pas été longtemps à m'appercevoir que j'avais perdu ma peine. Je lui avois demandé entr'autres choses la nomination des officiers comme prescrite par les constitutions. La première fois il me répondit qu'il ne regardoit pas le chapitre de S.-Denis comme canonique ; qu'il n'avoit pas en conséquence fait lire ses lettres d'institution ; que par là il n'étoit pas obligé à renouveller ses officiers après la notification de l'arrest du 8 janvier. Je fis d'itératives remontrances ; il me répondit alors d'un ton railleur qu'il n'en feroit rien, et que cela ne nous empêcheroit pas d'être amis. Je n'eus pas de peine à reconnoître là le langage des intrus qui ne désirent rien tant que la paix, pourvu qu'ils jouissent tranquilement des places qu'ils ont envahies, et qu'on ne leur parle pas de constitutions, et qu'on ne mette aucune entrave à leur gouvernement arbitraire. La fin de nos misères que je regardois alors comme prochaine m'a fait dévorer en silence cette mortification. Je me contentai de lui dire que je ne signerois pas de compte, puisqu'il ne vouloit pas nommer d'officiers, ce que je me suis cru le droit d'exécuter. Apparemment que cela a piqué le soit disant procureur et le prieur en même temps ; je me suis apperçu qu'on cherchoit l'occasion de me le faire sentir. La manière dont ils se sont comportés n'est pas admirable ; j'avois dit à quelqu'un que je ne croyois pas qu'on passât le petit bail, contre lequel je proteste de nullité, sans ma participation ; ils m'ont fait voir le contraire, et que rien n'arreste des gens qui ne reconnaissent pas de loi. J'ay cru ma conscience obligée à m'opposer à leur entreprise, à revendiquer mes droits de capitulant dont on ne prive que ceux qui ont encouru des censures ecclésiastiques. Encore ne les en prive-t-on pas par voye de fait comme je l'ai été. Mon intention est de me pourvoir au Parlement par un appel comme d'abus, mais je ne passerai pas outre sans avoir reçu votre avis sur la conduite que je dois tenir. J'ose espérer que vous voudrez bien me répondre le plus tôt possible, et me croire dans les sentiments de la parfaite considération, Monsieur,

Votre très humble et très obéissant serviteur,
F. HOMMERIL.

Nous n'avons pas la protestation de Dom Hommeril ; en voici une autre.

L'an mil sept cent quatre vingt cinq, le premier jour de juin, à la requête de Dom Jean-Pierre Marie Levasseur, religieux bénédictin de l'ordre de Saint-Benoît, Congrégation de Saint-Maur, cy devant demeurant à l'abbaye de Lyre ([1]), et actuellement en celle de Bernay ([2]) ; j'ai Jean-Germain Delauney, sousbrigadier en la prévôté générale des monnoyes et gendarmerie de France, pourvu par le Roy et installé en ladite prévôté générale de Paris, exploitant par tout le royaume, demeurant au bourg de la Neuve-Lyre, soussigné, signifié, dit et déclaré à Dom Chahau, soit disant prieur de l'abbaye royalle de Notre-Dame de Lyre, demeurant en la dite abbaye, scise paroisse St-Pierre de la Vieille-Lyre, où je me suis exprès transporté, distance d'une demi lieuë, où étant en parlant à son Portier de la dite abbaye ainsi qu'il me l'a déclaré, de ce interpellé, chargé le faire savoir à mondit Sr Prieur, ce qu'il a promis faire après midy à ce qu'il n'en ignore, que mondit sieur requérant ne suit l'obédience à lui remise par l'un des domestiques de la dite abbaye de Lyre, de la part du dit Dom Chahau, provenant de la prétendue assemblée tenuë abbaye de Saint-Germain-des-Près à Paris en la présente année, que pour éviter toutes discussions et sous

---

1. Du diocèse d'Evreux.
2. De l'ancien diocèse de Lisieux.

toutes réserves de fait et de droit à quoi il n'entend se préjudicier par la présente diligence à laquelle fin autant du présent exploit. Signifié et délivré audit Dom Chahau, requête et parlant comme dessus, le dit jour et an. Dont acte.

Signé : DELAUNEY. — FR. J. LE VASSEUR.

*_**

Dom Jean-Baptiste De Vienne d'Agneaux fut un fécond polygraphe et un savant historien, mais son caractère inquiet et processif, sa vie agitée, lui attirèrent bien des mécomptes. Vers la fin de sa vie, il entreprit d'écrire une *Histoire générale de France*. Un prospectus habilement rédigé en proposa la souscription au public ; l'ouvrage formant dix ou douze volumes in-12 de 500 pages chacun devait être achevé en six ans. Deux volumes in-8° parurent à Paris en 1791, et ce fut tout ; l'auteur mourut en 1792.

A la lettre suivante était joint le Prospectus dont nous venons de parler.

Le 3 avril 1788.

Monsieur et cher confrère,

Je reçois dans le moment une de vos lettres en date du quinze mars par laquelle vous voulez bien me renvoyer un papier, et vous m'annoncez que la société des philalèthes doit tenir sa séance publique le 22 de ce mois. Je ne conçois pas ce qui a pu causer un si grand retard. Je vous prie d'être persuadé que je suis toujours très reconnoissant de vos bontés, et que je chercherai en toute occasion à témoigner ma reconnaissance à la société. Je suis uniquement occupé de mon Histoire de France depuis que je ne travaille plus à celle d'Artois (¹), hors les moments que je suis obligé d'employer pour parer aux tracasseries que je ne cesse d'éprouver. Vous verrez par l'imprimé ci-joint dont je fais usage lorsque l'occasion s'en présente, combien ma situation est critique. Je l'ai composé pour trouver, si c'est possible, dans quelqu'une des classes dont je parle quelqu'un qui puisse me tirer de la misère et d'un avenir qui me fait trembler. Si après vous être donné la peine de le lire vous vous rappelliés que quelqu'une de vos connoissances fut dans le cas de me rendre les services dont j'ai besoin, j'espère que vous voudrez bien les intéresser, ou même, me marquer leur nom, si vous le jugiez à propos, afin que je leur écrive moi-même. Je vous prie d'assurer nos chers confrères de mon respectueux attachement. C'est dans les mêmes sentiments que je suis, Monsieur et cher confrère,

Votre très humble et très obéissant serviteur,

D. DEVIENNE.

---

1. *Histoire de l'Artois* (jusqu'en 1713), 5 parties en 2 vol. in-8°. S. l. 1785-87.

Je ne sais si Boubers vous a remis ma Nuit d'Young pour en faire passer en Irlande (¹).

***

L'auteur des cinq lettres qui suivent, Dom Philippe-Louis Lièble, était né à Paris le 9 juillet 1734, et avait fait profession à St-Faron de Meaux le 22 décembre 1752. Bibliothécaire de St-Germain des Prés, il conserva ces fonctions même après la suppression des ordres religieux jusqu'à l'incendie de la bibliothèque, le 22 août 1794. Il mourut à Paris en 1813.

Au Chapitre général tenu à Saint-Denis, le 9 septembre 1783, Dom Lièble protesta vivement contre la façon dont l'élection des députés s'était faite, et les mesures qu'ils semblaient disposés à ratifier. Les trois premières lettres ont trait à cette affaire.

I

Monsieur,

J'ai l'honneur de vous envoyer ci-inclus un paquet qui m'a été adressé pour vous. La personne que je ne connois pas, me prie de vous le faire parvenir et de mettre sur l'enveloppe votre adresse. Quelques uns de mes amis ont sollicité déjà infructueusement pour que Mʳ le Procureur Général se rendît appellant comme d'abus des opérations de l'Assemblée de St-Denys. Aussitôt votre dernière reçue, j'ai encore écrit à ce magistrat, car je l'avois déjà fait quelques jours avant, et à quelqu'un qui a tout crédit sur son est prit, pour obtenir cette faveur. Ils craignent, à ce qui paroît, que le Ministère public ne soit pas plus respecté que nous, et que son appel comme d'abus ne soit évoqué comme les nôtres. Si le Parlement n'ose plus agir pour nous, il faudra bien que nous nous en tenions à la commission du Conseil, que nous instruisions et fassions solliciter et sollicitions nous-mêmes les conseillers d'État.

Je compte arriver à Paris le 28 de ce mois au plus tard, j'aurai l'honneur de vous voir avant de me rendre à l'abbaye, et de vous réitérer les assurances du respectueux attachement avec lequel j'ai l'honneur d'être, Monsieur,

Votre très humble et très obéissant serviteur,
Lièble.

Ce 19 Novembre 1783.

II

Monsieur,

J'ai l'honneur de vous envoyer une lettre de D. le Roux adressée à D. Morin qui vous prouvera avec quelle arrogance et quelle dureté les Prieurs

---

1. Dom Devienne avait publié *Le triomphe du chrétien* (extrait des *Nuits* d'Young et traduit de l'anglais), 1788, in-8⁰.

intrus abusent de l'arrêt provisoire du 8 janvier dont ils se servent pour persécuter les religieux. Hier s'est tenu dans l'abbaye de St-Germain un chapitre affiché la veille, mais dont on n'avoit pas annoncé l'objet. Comme je m'en doutois bien, j'ai cru devoir m'absenter pour éviter qu'on me sommât d'y aller, et pour ne pas entrer dans des débats toujours désagréables. Ce que j'avois prévu est arrivé ; deux ou trois Religieux (*en renvoi*, ces religieux fanatiques sont entre autres D. Caron et D. Villevieille : le premier est connu ; on sçait ce dont il est capable. Le 2^d a des obligations à Dom Mousso et lui faisoit la cour ; il encense actuellement les nouvelles idoles. Ceux qui ont vécu avec lui sçavent qu'il est capable des plus grands extrêmes) simples particuliers, et fanatiques en faveur des intrus, ont fait des sorties très vives et fort indécentes contre trois ou quatre religieux qui étoient absens de l'assemblée : j'étois du nombre. Leurs propos, entre autres, étoient qu'il falloit aller chercher ces ennemis de la Congrégation et les forcer de venir entendre la lecture de la lettre circulaire du Père Général et l'arrêt du Conseil. S'il est encore tems, je crois qu'il seroit bon de glisser quelque chose sur cette phrénésie dans le Mémoire qui s'imprime, ainsi que sur la disposition où paroissent être les intrus de profiter de cet arrêt du Conseil pour exercer leur tyrannie et vexer leurs frères. Si vous parlez du Chapitre de St-Germain, je pense qu'il n'est pas nécessaire de dire que ce qui s'y est passé a été sçu par moi, et qu'il suffit de déclarer qu'on a été informé de ce qui s'y est passé. Quelques religieux prudens et sages ont parlé avec beaucoup de réserve pour prouver aux fanatiques qu'ils s'échauffoient mal à propos. Excepté cinq ou six, tous les autres n'ont pas soufflé mot. J'ai l'honneur d'être avec respect, Monsieur,

Votre très humble et très obéissant serviteur,
LIÈBLE.

Abbaye de St-Germain, ce 24 janvier 1785.

III

Monseigneur,

Les bontés dont vous daignez honorer la Congrégation de St-Maur excitent la confiance avec laquelle j'ose les réclamer de nouveau dans ce moment où votre protection lui devient plus nécessaire que jamais pour y rétablir la paix et le bon ordre. J'use de la permission que Votre Grandeur a bien voulu me donner de lui présenter les vues que je croirois propres à opérer le bien. Je crois que le plan que j'ai l'honneur de mettre sous ses yeux est impartial, simple, et d'une exécution facile, et qu'il en doit résulter les plus grands avantages. Ce n'est pas l'intérêt qui me guide ; je ne suis pas supérieur ; j'ai refusé constamment de l'être, et je n'ai aucun goût pour les supériorités. L'étude et les belles-lettres sont ma seule passion, ainsi que l'amour du bon ordre et de la paix, qui en doivent être inséparables. Il seroit à souhaiter que les supérieurs actuels, qui ont déposé les anciens

sans d'autres motifs que celui de se mettre à leurs places, fussent à l'abri
d'une critique fondée ; qu'on n'eût pas à leur reprocher d'avoir favorisé les
plus grands abus et le vice même ; d'avoir confié les supériorités vacantes
à des sujets incapables par le talent et la conduite, et d'en éloigner les sujets vertueux et méritans ; de détruire l'émulation en vexant les gens de
lettres et en persécutant les honnêtes gens ! Laisser à ces supérieurs la
facilité de se maintenir ce serait perpétuer le mal et assurer la perte d'un
corps qui peut se flatter d'avoir encore un certain nombre de sujets méritans
capables de rendre service. Pardonnez-moi, Monseigneur, la liberté que je
prends de vous parler à cœur ouvert ; c'est une suite de la confiance que
vous avez bien voulu m'inspirer. La reconnoissance et le respect dont je suis
pénétré ne me permettent pas de vous déguiser la vérité. Et à qui la dirois-
je, si ce n'est à un Ministre éclaré et bienfaisant, digne de la confiance du
plus équitable et du meilleur des Rois.

J'ai l'honneur d'être avec un profond respect, Monseigneur, de Votre
Grandeur le très humble et très obéissant serviteur,

LIÈBLE, bibliothécaire.

Paris, à l'Abbaye de St-Germain-des-Prés

ce 20 février 1787 (1).

IV

Monsieur le Président,

Les bontés dont vous avez bien voulu me donner des marques en différentes circonstances semblent m'autoriser à les réclamer dans ce moment en
faveur de M. Granbert, porteur de la présente. Il est en état de professer
les humanités et la philosophie dans un collège. Comme le département à
un certain nombre de chaires à remplir dans l'Université de Paris, et qu'il
n'est pas obligé de prendre des aggrégés, votre protection en faveur du Sr
Granbert lui seroit d'une très grande utilité ; j'ose dire qu'il est digne de
votre recommandation par ses connoissances, ses mœurs, son patriotisme,
son zèle pour le bien public et son amour pour le travail. Je partagerai sa
reconnoissance ainsi que le profond respect dont il est pénétré, et avec
lequel j'ai l'honneur d'être, Monsieur le Président,

Votre très humble et très obéissant serviteur,

LIÈBLE, bibliothécaire,

A St.-Germain-des-Prés, ce 3 avril 1791.

---

1. On remarquera que la lettre de Dom Lièble fut écrite à la veille de la réunion de l'Assemblée des notables qui s'ouvrit à Versailles le 22 février 1787.

V

Monsieur,

Nous venons de recevoir ce soir une lettre de la Municipalité, du Bureau d'agence, signée *Hardy*, qui nous annonce que demain mercredy, 20 du courant, il nous arrivera, à huit heures du matin, du monde de la part de la Municipalité pour faire le dénombrement de la Bibliothèque de St-Germain-des-Prés, et y apposer ensuite les scellés. Nous avons communiqué la lettre au comité de notre section, lequel en a référé à l'assemblée générale de la même section des 4 Nations.

La dite assemblée a arrêté unanimement de nous faire défense de déférer aux envoyés de la Municipalité jusqu'à ce qu'il apparoisse d'un décret qui détruise le décret provisoire qui avoit arrêté la conservation et publicité provisoires de la dite Bibliothèque ; qu'en conséquence, la dite section a ordonné qu'il en seroit référé avant tout au département, et a nommé des députés à l'effet d'aller trouver préalablement M. de la Rochefoucaut pour lui faire part du tout. Dom Patert (¹) vous salue ainsi que votre serviteur,

A St-Germain-des-Prés, ce 19 avril 1791.   Dom LIÈBLE.

---

1. Dom Jean-Samson Patert, né à Compiègne le 20 décembre 1719, profès à Saint-Faron de Meaux, le 27 octobre 1737, fut nommé bibliothécaire de Saint-Germain-des-Prés en 1767 ; il était encore en fonctions en 1789. En 1782, Dom Lièble lui fût adjoint comme auxiliaire.